Umsetzungskompetenz : Von der Idee zur Aktion

von Frank Kralemann

Buchbeschreibung:
Verändern Sie Ihr Leben mit "Umsetzungskompetenz: Der Schlüssel zu persönlichem und beruflichem Erfolg"!

Wie oft haben Sie schon großartige Ideen, beeindruckende Ziele oder ambitionierte Pläne gehabt, die dann doch nur auf der Strecke blieben? Die Gründe können vielfältig sein: mangelnde Zeit, fehlende Ressourcen oder einfach nur das tägliche Chaos. Aber was, wenn das Problem tiefer liegt? Was, wenn der wahre Grund für das Scheitern unserer Träume und Projekte unsere mangelnde Fähigkeit ist, sie umzusetzen?

Über den Autor:
Frank Kralemann, wohnhaft in der malerischen Umgebung des Teutoburger Waldes, ist ein anerkannter Autor und Coach auf dem Gebiet des persönlichen und beruflichen Erfolgs.

Umsetzungskompet enz : Von der Idee zur Aktion

von Frank Kralemann

1. Auflage, 2023

© 2023, Frank Kralemann

Alle Rechte vorbehalten.

Herstellung und Verlag:

BoD – Books on Demand,

Norderstedt

ISBN:

9783751953047

Inhaltsverzeichnis

6

Einleitung 6

6

Bedeutung der Umsetzungskompetenz 9
Die Intentions-Verhaltenslücke 14
Umgang mit negativen Gefühlen 17
Die Kraft der Umsetzungskompetenz 20
Mangelnde Motivation und ihre Überwindung 22
Konzentrieren Sie sich auf den Prozess 26
Vorbereitung zum Handeln 27

27

Der erste Schritt 30

30

Verzetteln und seine Überwindung 32
Das Problem des Nicht-Anfangens 36
Das Problem des Nicht-Fertig-Werdens 40
Wie man Dinge zu Ende bringt 42
Die Kunst des Dranbleibens 44

44

Die Doppelte Dynamik der Anstrengungsvermeidung

48

Wie man einen effektiven Plan erstellt 51
Die erfolgreiche Zeitplanung 54
Die Macht von Ritualen und Gewohnheiten 57

57

Die Essenz der Gewohnheiten 60

60

Zum guten Schluss 63

Einleitung

Willkommen zu "Umsetzungskompetenz: Von der Idee zur Aktion", einem Leitfaden, der Sie auf dem Weg zur Meisterung Ihrer Umsetzungskompetenz begleiten wird. Der Fokus dieses Buches liegt auf dem Verständnis, der Verbesserung und der Anwendung der Umsetzungskompetenz in den unterschiedlichsten Lebensbereichen. Mit Umsetzungskompetenz ist die Fähigkeit gemeint, eine Intention in konkretes Handeln umzusetzen. Sie ist die Brücke, die Ideen, Träume und Pläne mit der realen Welt verbindet, in der Taten zählen.

In unserer sich ständig verändernden und schnelllebigen Welt sind es oft nicht die besten Ideen, die den Unterschied ausmachen, sondern die Fähigkeit, diese Ideen in Aktionen umzusetzen. Unabhängig davon, ob es sich um persönliche Ziele, berufliche Ambitionen oder soziale Projekte handelt, die Umsetzungskompetenz ist von zentraler Bedeutung.

Der Aufbau dieses Buches ist so konzipiert, dass er ein umfassendes Verständnis des Themas bietet und gleichzeitig praktische Ratschläge und Strategien zur Verbesserung Ihrer Umsetzungskompetenz bereitstellt. Beginnend mit der Wichtigkeit der Umsetzungskompetenz, beleuchtet das Buch Themen wie die Intentions-Verhaltenslücke, den Umgang mit negativen Gefühlen und die Rolle von Motivation bei der Umsetzung. Weiterhin werden die Aspekte der Vorbereitung auf das Handeln und die Gefahren des Sich-Verzettelns sowie das Problem des Nicht-Anfangens in den Fokus gerückt.

Ein zentraler Punkt, den wir in diesem Buch behandeln, ist die Beziehung zwischen mangelnder Umsetzungskompetenz und Prokrastination oder Aufschieben. Oft liegt es nicht an mangelndem Wissen oder Fähigkeiten, dass Menschen ihre Ziele nicht erreichen, sondern an der Unfähigkeit oder dem Unwillen, Maßnahmen zu ergreifen. Aufschieben und Prokrastination können als Symptome einer geringen Umsetzungskompetenz gesehen werden und sind in vielen Bereichen des Lebens schädlich. Sie führen zu Stress, Selbstzweifel und in vielen Fällen zu einem Gefühl der Unzulänglichkeit.

Die Konsequenzen dieses Verhaltens reichen weit über den Einzelnen hinaus und können Beziehungen, Arbeitsleistungen und letztlich das allgemeine Wohlbefinden beeinträchtigen. Es ist unser Anliegen, Ihnen in diesem Buch Werkzeuge und Strategien an die Hand zu geben, die Ihnen helfen, dieses schädliche Verhalten zu überwinden und Ihre Ziele effektiv zu erreichen.

Indem wir die verschiedenen Aspekte der Umsetzungskompetenz untersuchen und verstehen, können wir Wege finden, um sie zu stärken und erfolgreich in Aktion umzusetzen. Wir hoffen, dass "Von der Idee zur Aktion" Ihnen den Weg zeigt, wie Sie Ihre Träume und Ideen verwirklichen können.

Auf in ein Leben voller Aktion, statt bloßer Absicht. Gehen wir es an!

Bedeutung der Umsetzungskompetenz

Umsetzungskompetenz – ein Begriff, der leicht zu übersehen ist, aber dennoch eine zentrale Rolle in unserem Leben spielt. Doch was genau bedeutet Umsetzungskompetenz? Die Definition von Umsetzungskompetenz kann je nach Kontext variieren, aber in ihrer Essenz beschreibt sie die Fähigkeit, Pläne, Ideen und Absichten in konkretes Handeln zu übersetzen und letztendlich Ergebnisse zu erzielen. Sie umfasst eine Vielzahl von Fähigkeiten, darunter Planung, Priorisierung, Motivation, Selbstmanagement und Ausdauer.

Die Relevanz der Umsetzungskompetenz ist universell und erstreckt sich über alle Lebensbereiche. Egal ob in der beruflichen Welt, in der Schule, im Privatleben oder in der Freizeit, unsere Fähigkeit, Absichten in Handlungen umzusetzen, bestimmt maßgeblich unsere Erfolge und Misserfolge.

In der beruflichen Welt ermöglicht uns die Umsetzungskompetenz, Projekte erfolgreich abzuschließen, Veränderungen durchzuführen und

Karriereziele zu erreichen. Sie hilft uns, unsere Zeit und Ressourcen effektiv zu nutzen, Prioritäten zu setzen und Hindernisse zu überwinden. In der Schule und im Studium ist sie von entscheidender Bedeutung für den akademischen Erfolg, da sie uns in die Lage versetzt, Aufgaben zu erledigen, Prüfungen zu bestehen und neue Fähigkeiten zu erlernen.

Im privaten Leben kann eine starke Umsetzungskompetenz dazu beitragen, persönliche Ziele zu erreichen, seien es Fitnessziele, das Erlernen eines neuen Hobbys oder das Verfolgen einer Leidenschaft. Sie kann uns helfen, gesündere Gewohnheiten zu entwickeln, unsere Beziehungen zu verbessern und ein erfüllteres und zufriedeneres Leben zu führen.

Aber was passiert, wenn die Umsetzungskompetenz fehlt oder unzureichend ist? Die Folgen einer mangelnden Umsetzungskompetenz können erheblich sein und das Leben der betroffenen Personen auf verschiedene Weisen behindern. Wenn wir nicht in der Lage sind, unsere Absichten in Aktionen umzusetzen, können wir uns in einem Zustand der

Unzufriedenheit, Frustration und Stagnation wiederfinden. Wir können das Gefühl haben, nicht voranzukommen, unsere Ziele nicht zu erreichen und unser Potenzial nicht voll auszuschöpfen.

Prokrastination und Aufschieben sind häufige Ausprägungen einer mangelnden Umsetzungskompetenz und können unsere Produktivität, unser Selbstwertgefühl und letztlich unser Glück erheblich beeinträchtigen. Auf lange Sicht kann dies zu chronischem Stress, Burnout und sogar zu Depressionen führen.

Es ist wichtig zu erkennen, dass wir unser Leben nicht aufschieben können. Jeden Tag, den wir mit Zögern, Zaudern oder Verzögern verbringen, ist ein Tag, den wir nicht zurückbekommen. Die Zeit vergeht, ob wir handeln oder nicht. Wenn wir uns in einer kontinuierlichen Schleife des Aufschiebens und Verzögerns wiederfinden, vergehen die Tage, Wochen und Jahre, während unsere Ziele und Träume in der Ferne verbleiben.

Die Unfähigkeit, Absichten in Handlungen umzusetzen, kann nicht nur die Erreichung unserer Ziele behindern, sondern auch unsere zwischenmenschlichen Beziehungen beeinträchtigen. Wenn wir versprechen, bestimmte Aufgaben zu erledigen oder Verpflichtungen einzugehen, und es dann versäumen, diese Versprechen einzuhalten, kann dies das Vertrauen anderer in uns untergraben und zu Konflikten führen.

Zudem kann mangelnde Umsetzungskompetenz auch unsere Gesundheit und unser Wohlbefinden beeinträchtigen. Aufschieben und Vermeidungsverhalten können zu erhöhtem Stress und Angst führen, insbesondere wenn Fristen näher rücken und Aufgaben sich ansammeln. Auf lange Sicht kann dies zu ernsthaften gesundheitlichen Problemen wie Schlafstörungen, Herz-Kreislauf-Erkrankungen und anderen stressbedingten Krankheiten führen.

Es ist jedoch wichtig zu betonen, dass eine mangelnde Umsetzungskompetenz kein unabänderliches Schicksal ist. Sie ist eine Fähigkeit, die entwickelt und gestärkt werden kann. Genau darum geht es in diesem Buch: Sie mit den Werkzeugen, Techniken und Strategien auszustatten, die Sie benötigen, um Ihre Umsetzungskompetenz zu verbessern und Ihre Ziele effektiv zu erreichen.

In den folgenden Kapiteln werden wir die verschiedenen Aspekte der Umsetzungskompetenz im Detail untersuchen. Wir werden Strategien zur Überwindung der Intentions-Verhaltenslücke, zum Umgang mit negativen Gefühlen und zur Verbesserung der Motivation diskutieren. Darüber hinaus werden wir uns mit der Vorbereitung auf das Handeln, der Vermeidung von Verzetteln und der Überwindung des Nicht-Anfangens befassen.

Unser Ziel ist es, Ihnen zu helfen, das volle Potenzial Ihrer Umsetzungskompetenz zu entfalten, damit Sie Ihre Ideen in Aktion umsetzen, Ihre Ziele erreichen und ein erfüllteres und produktiveres Leben führen können. Es ist Zeit, die Ärmel hochzukrempeln und aktiv zu werden – denn Ihr Leben wartet nicht. Es ist Zeit, von der Idee zur Aktion überzugehen.

Die Intentions-Verhaltenslücke

Die Intentions-Verhaltenslücke ist ein Phänomen, das fast jeder in irgendeiner Form in seinem Leben erfahren hat. Es beschreibt die Diskrepanz zwischen dem, was wir uns vornehmen (unseren Absichten) und dem, was wir tatsächlich tun (unserem Verhalten). Die Absicht, etwas zu tun, führt nicht automatisch zur Ausführung dieses Vorhabens. Hier liegt eine zentrale Herausforderung auf dem Weg zur Verbesserung unserer Umsetzungskompetenz.

Diese Lücke kann sich in vielen Lebensbereichen zeigen und hat Auswirkungen auf unsere Fähigkeit, unsere Ziele zu erreichen. Sie kann uns zum Aufschieben verleiten, uns dazu bringen, gesunde Gewohnheiten zu vernachlässigen, oder uns davon abhalten, positive Veränderungen in unserem Leben vorzunehmen.

Die Überwindung der Intentions-Verhaltenslücke erfordert bewusste Anstrengungen und effektive Strategien. Einige hilfreiche Methoden sind:

**1. Wenn-Dann-Pläne (auch bekannt als Implementierungsabsichten) **: Diese Technik beinhaltet das Formulieren konkreter Pläne, die spezifizieren, wann, wo und wie wir eine bestimmte Handlung ausführen werden. Ein typischer Wenn-Dann-Plan könnte so aussehen: "Wenn es morgen 7 Uhr morgens ist, dann gehe ich 30 Minuten joggen." Durch die Verbindung eines spezifischen Kontextes (der "Wenn"-Teil) mit einer bestimmten Handlung (der "Dann"-Teil) wird das gewünschte Verhalten automatischer und die Wahrscheinlichkeit der Umsetzung erhöht.

2. Erinnerungen an das geplante Verhalten: Es kann hilfreich sein, Erinnerungen zu setzen, die uns an unser geplantes Verhalten erinnern. Diese könnten so einfach sein wie eine Notiz auf dem Kühlschrank, eine Alarmfunktion auf Ihrem Smartphone oder eine Erinnerung in Ihrem digitalen Kalender. Das Ziel ist, unser geplantes Verhalten in den Vordergrund unseres Bewusstseins zu rücken und uns auf diese Weise zu helfen, es in die Tat umzusetzen.

3. Selbstüberwachung: Dies beinhaltet das Führen eines Tagebuchs oder Protokolls unserer Handlungen, um ein besseres Bewusstsein für unser Verhalten zu entwickeln und Fortschritte in Richtung unserer Ziele zu verfolgen. Durch die Überwachung unseres Verhaltens können wir uns besser auf unsere Absichten konzentrieren und unsere Leistung im Laufe der Zeit verbessern.

4. Soziale Unterstützung: Die Suche nach Unterstützung von anderen kann auch dabei helfen, die Intentions-Verhaltenslücke zu überwinden. Das könnte bedeuten, einen Verantwortungspartner zu haben, an den wir unsere Absichten berichten, oder einer Gruppe beizutreten, die ähnliche Ziele verfolgt.

Das Überwinden der Intentions-Verhaltenslücke ist ein entscheidender Schritt zur Verbesserung unserer Umsetzungskompetenz. Es erfordert Anstrengungen, Ausdauer und die richtigen Strategien, aber die Belohnungen sind es wert. Wenn wir lernen, unsere Absichten in Handlungen umzusetzen, können wir effektiver unsere Ziele erreichen und ein erfüllteres Leben führen.

Umgang mit negativen Gefühlen

Negative Gefühle und Ängste können eine entscheidende Barriere auf dem Weg zur Umsetzung unserer Absichten sein. Sei es die Angst vor Kritik, die Angst vor dem Versagen, die Angst, nicht zu genügen, oder der lähmende Druck des Perfektionismus – diese Gefühle können uns daran hindern, in die Aktion zu treten und unsere Ziele zu verfolgen.

Doch indem wir lernen, mit diesen negativen Emotionen umzugehen und sie zu bewältigen, können wir sie in einen Motor für Veränderung und Wachstum verwandeln. Hier sind einige Strategien und Techniken, die Ihnen dabei helfen können:

1. Akzeptanz und Achtsamkeit: Anstatt negative Gefühle zu ignorieren oder zu unterdrücken, versuchen Sie, sie zu akzeptieren und sie bewusst wahrzunehmen. Durch Achtsamkeitsübungen können Sie lernen, Ihre Gefühle zu beobachten, ohne sich von ihnen überwältigen zu lassen, und so einen gesünderen und konstruktiveren Umgang mit ihnen finden.

2. Selbstmitgefühl: Seien Sie freundlich zu sich selbst, wenn Sie mit Ängsten und Unsicherheiten konfrontiert werden. Erinnern Sie sich daran, dass jeder Fehler macht und dass es in Ordnung ist, nicht perfekt zu sein. Durch Selbstmitgefühl können Sie Ihre Ängste lindern und sich ermutigt fühlen, trotz möglicher Rückschläge weiter voranzuschreiten.

3. Reframing: Dies ist eine Technik, bei der Sie versuchen, die Situation oder Ihr Gefühl aus einer anderen Perspektive zu betrachten. Statt zum Beispiel die Angst vor dem Scheitern als etwas Negatives zu sehen, könnten Sie sie als eine Chance zum Lernen- und Wachstum sehen.

4. Kleine Schritte und der Zauber des Anfangens: Beginnen Sie mit kleinen, handhabbaren Schritten. Der Anfang ist oft der schwierigste Teil, aber einmal begonnen, wird es einfacher, weiterzumachen. Denken Sie daran, dass jeder Schritt, egal wie klein, ein Schritt in die richtige Richtung ist.

5. Exposition: Die konsequente Konfrontation mit der gefürchteten Situation kann dazu beitragen, die Ängste zu reduzieren. Beginnen Sie mit leichteren Situationen und arbeiten Sie sich schrittweise zu schwierigeren Situationen vor.

Negative Gefühle sind ein natürlicher Teil des Lebens und können besonders stark sein, wenn wir uns Herausforderungen stellen und Veränderungen anstreben. Doch durch die Nutzung der richtigen Strategien und Techniken können wir lernen, mit diesen Gefühlen umzugehen und uns von ihnen nicht aufhalten zu lassen.

Es liegt ein besonderer Zauber im Anfangen. Wenn wir trotz unserer Ängste und Unsicherheiten den ersten Schritt machen, können wir eine Dynamik erzeugen, die uns hilft, weiter voranzuschreiten und unsere Ziele zu erreichen. Es ist dieser Zauber des Anfangens, der den Weg von der Idee zur Aktion ebnen kann. Lassen Sie uns also diesen Zauber nutzen und den ersten Schritt wagen – trotz aller Bedenken

Die Kraft der Umsetzungskompetenz

Elena lag auf ihrem Bett und starrte an die Decke, ihr Kopf summte von den Ereignissen des Tages. Die heutige Besprechung im Büro, das unaufhörliche Summen ihres Telefons, die unaufgehobenen Wäscheberge, die auf ihren Einsatz warteten. Sie hatte das Gefühl, in einer Schleife festzustecken, immer wieder dieselben Aufgaben und Verantwortlichkeiten, die sie nicht wirklich vorwärtsbrachten.

Es war an der Zeit, eine Änderung vorzunehmen. Sie wusste, dass sie ihre Zeit und Energie besser nutzen konnte, dass sie ihren Tag effizienter gestalten konnte. Es war an der Zeit, ihre Umsetzungskompetenz zu verbessern.

Zuerst analysierte sie ihren Tag. Sie nahm einen Stift und ein Notizbuch zur Hand und begann, alle ihre täglichen Aufgaben aufzuschreiben. Dann begann sie, jede einzelne Aufgabe zu überprüfen.

Sie fragte sich bei jeder: „Bringt mich das weiter? Hilft mir das, meine Ziele zu erreichen?"

Sie war überrascht, wie viele Aufgaben sie ohne Weiteres aussortieren konnte. Ständige Social-Media-Check-ups,unnötige Bürobesprechungen Fernsehzeit - all das waren Aktivitäten, die sie einschränken konnten, um ihre wahren Träume zu verfolgen.

Mit den aussortierten Aufgaben hatte sie plötzlich mehr Zeit, die sie sinnvoller nutzen konnte. Sie dachte an ihre wahren Leidenschaften, an die Dinge, die sie jeden Tag erträumte. Malen, Schreiben, Freiwilligenarbeit in der örtlichen Suppenküche - all diese Dinge, die sie immer tun wollte, aber nie Zeit dafür hatte.

Jetzt, da sie Zeit hatte, musste sie nur noch ins Handeln kommen. Sie musste ihre Träume in greifbare Ziele verwandeln und einen Aktionsplan erstellen. Sie begann, klein anzufangen. Ein Gemälde pro Woche, eine Stunde Schreiben pro Tag, einmal pro Woche Freiwilligenarbeit - kleine Schritte, die sie in Richtung ihrer Ziele führten.

Elena verstand, dass sie nicht nur in der Zeit lebte, sie war die Zeit. Jeder Moment, der verstrich, war ein Moment, den sie nutzen konnte, um ihre Träume zu verwirklichen. Sie war nicht länger ein Sklave ihrer täglichen Routine, sie war die Meisterin ihrer Zeit.

Mit diesem neuen Verständnis und ihrer verbesserten Umsetzungskompetenz war sie bereit, ihren Traum in die Realität umzusetzen. Sie war bereit, das Leben zu leben, das sie immer gewollt hatte. Sie wusste, dass der Weg voller Herausforderungen sein würde, aber sie war bereit, sie anzunehmen. Sie war bereit, ihre Träume zu verwirklichen. Sie war bereit, ins Handeln zu kommen.

Mangelnde Motivation und ihre Überwindung

Motivation spielt eine entscheidende Rolle bei der Umsetzung unserer Ziele. Sie ist der treibende Faktor, der uns dazu bringt, unsere Absichten in die Tat umzusetzen. Doch oft erleben wir Phasen mangelnder Motivation, in denen wir

Schwierigkeiten haben, uns für die Umsetzung unserer Pläne zu engagieren.

Die Rolle der Motivation bei der Umsetzungskompetenz

Motivation ist der Funke, der unser Verhalten in Gang setzt. Sie gibt uns den Anstoß, eine Aufgabe zu beginnen, und liefert die Ausdauer, um an dieser Aufgabe festzuhalten, bis sie abgeschlossen ist. Ohne Motivation können selbst die besten Pläne und Absichten zu nichts führen. Daher ist das Verständnis und die Förderung unserer Motivation von entscheidender Bedeutung für die Verbesserung unserer Umsetzungskompetenz.

Ursachen für mangelnde Motivation

Es gibt viele mögliche Ursachen für mangelnde Motivation. Einige der häufigsten sind:

- Mangel an klaren Zielen: Wenn wir nicht genau wissen, was wir erreichen wollen, kann es schwer sein, die Motivation zu finden, um in Aktion zu treten.

- Fehlendes Interesse: Wenn eine Aufgabe oder ein Ziel nicht mit unseren Interessen oder Werten übereinstimmt, kann es schwierig sein, die Motivation aufzubringen, um daran zu arbeiten.

- Überforderung: Wenn eine Aufgabe überwältigend groß oder schwierig erscheint, kann dies dazu führen, dass wir die Motivation verlieren.

- Furcht vor dem Scheitern: Die Angst vor dem Scheitern kann uns davon abhalten, einen Versuch zu wagen, wodurch unsere Motivation untergraben wird.

- Mangel an Belohnung: Wenn wir nicht das Gefühl haben, dass unsere Anstrengungen belohnt werden, kann dies unsere Motivation dämpfen.

Techniken zur Steigerung der Motivation

24

Zum Glück gibt es verschiedene Strategien und Techniken, die uns helfen können, unsere Motivation zu steigern:

- Zielsetzung: Definieren Sie klare, spezifische und erreichbare Ziele. Wenn wir genau wissen, was wir erreichen wollen, kann dies uns motivieren, in Aktion zu treten.

- Finden Sie Ihr Warum: Identifizieren Sie, warum das Erreichen dieses Ziels für Sie wichtig ist. Ein starkes, persönliches "Warum" kann eine mächtige Motivationsquelle sein.

- Unterteilen Sie große Aufgaben: Wenn eine Aufgabe überwältigend erscheint, versuchen Sie, sie in kleinere, handhabbare Teile zu zerlegen. Jeder kleine Erfolg auf dem Weg zu Ihrem Ziel kann Ihre Motivation stärken.

- Nutzen Sie positive Verstärkung: Belohnen Sie sich selbst für das Erreichen von Meilensteinen auf dem Weg zu Ihrem Ziel. Diese Belohnungen können Ihre Motivation ankurbeln.

- Umgebung von Unterstützung: Suchen Sie nach Menschen, die Sie unterstützen und motivieren. Dies könnte ein Mentor, ein Coach oder eine Gruppe von Menschen sein, die ähnliche Ziele verfolgen.

Konzentrieren Sie sich auf den Prozess

Anstatt nur auf das Endziel zu schauen, versuchen Sie, Freude und Erfüllung im Prozess des Erreichens zu finden. Dies kann Ihnen helfen, die Motivation zu behalten, auch wenn die Dinge schwierig werden.

Mangelnde Motivation kann ein Hindernis auf dem Weg zur Umsetzung unserer Ziele sein, aber sie ist kein unüberwindbares. Indem wir die Ursachen unserer fehlenden Motivation verstehen und Techniken zur Steigerung unserer Motivation anwenden, können wir uns auf den Weg machen, unsere Ziele erfolgreich umzusetzen.

Vorbereitung zum Handeln

Ein entscheidender Aspekt der Umsetzungskompetenz, der oft übersehen wird, ist die Vorbereitung. Ohne eine effektive Vorbereitung kann sogar die stärkste Motivation und die klarste Absicht scheitern, da wir möglicherweise auf unerwartete Hindernisse stoßen oder nicht die nötigen Ressourcen zur Verfügung haben, um unsere Ziele zu erreichen.

Die Bedeutung einer guten Vorbereitung für die Umsetzungskompetenz

Eine gründliche Vorbereitung dient als Fundament für die erfolgreiche Umsetzung unserer Ziele. Sie ermöglicht es uns, mögliche Herausforderungen im Voraus zu identifizieren, die erforderlichen Ressourcen zu sichern und einen klaren Aktionsplan zu erstellen, dem wir folgen können. Eine gute Vorbereitung hilft uns, den Prozess der

Zielverfolgung zu vereinfachen und die Wahrscheinlichkeit eines Erfolgs zu erhöhen.

Schritte zur effektiven Vorbereitung

1. **Zielklärung**: Bevor Sie mit der Planung beginnen, stellen Sie sicher, dass Sie ein klares Verständnis dafür haben, was Sie erreichen wollen. Ein klar definiertes Ziel gibt Ihnen eine Richtung und hilft Ihnen, Ihre Vorbereitung effektiv zu gestalten.

2. **Informationsbeschaffung**: Sammeln Sie alle notwendigen Informationen, die Sie benötigen, um Ihr Ziel zu erreichen. Dies kann eine Recherche zu spezifischen Themen, das Sammeln von Materialien oder das Erlernen neuer Fähigkeiten beinhalten.

3. **Erstellung eines Aktionsplans**: Basierend auf den Informationen, die Sie gesammelt haben, erstellen Sie einen detaillierten Aktionsplan. Dieser Plan sollte die spezifischen Schritte auflisten, die

Sie unternehmen müssen, um Ihr Ziel zu erreichen, sowie einen Zeitrahmen für jeden Schritt.

4. **Vorbereitung der Ressourcen**: Stellen Sie sicher, dass Sie alle notwendigen Ressourcen zur Verfügung haben, um Ihren Plan umzusetzen. Dies kann physische Ressourcen wie Materialien oder Ausrüstung, Zeitressourcen oder auch soziale Ressourcen wie Unterstützung und Beratung von anderen beinhalten.

5. **Flexibilität einplanen**: Bei der Planung sollten Sie auch eine gewisse Flexibilität einplanen. Es ist unwahrscheinlich, dass alles genau nach Plan läuft, daher ist es wichtig, bereit zu sein, sich anzupassen und bei Bedarf Änderungen an Ihrem Plan vorzunehmen.

Beispiele für erfolgreiche Vorbereitung und Umsetzung

Ein gutes Beispiel für erfolgreiche Vorbereitung und Umsetzung könnte das Training für einen Marathon sein. Eine effektive Vorbereitung würde die Festlegung eines Trainingsplans, das Erlernen über richtige Ernährung und Hydratation, das Sammeln der notwendigen Ausrüstung und das Planen für Ruhetage und Erholung beinhalten.

Ein weiteres Beispiel könnte das Schreiben eines Buches sein. Die Vorbereitung könnte das Entwickeln einer Gliederung, das Durchführen von Recherchen zu bestimmten Themen

Der erste Schritt

Der erste Schritt ist in jedem Plan unverzichtbar wichtig, denn er bildet die Grundlage für alles, was folgt. Ohne diesen Anfang kann der Rest des Plans nicht in Bewegung gesetzt werden. Man könnte sagen, dass der erste Schritt sowohl symbolisch als auch praktisch ist - er repräsentiert die Bereitschaft, sich auf eine neue Herausforderung einzulassen und bringt den gesamten Prozess ins Rollen.

Der erste Schritt zeigt nicht nur die Entschlossenheit, das gesteckte Ziel zu erreichen, sondern er ist auch ein Mittel zur Überwindung der Trägheit. Es ist oft so, dass der schwierigste Teil eines jeden Plans darin besteht, einfach anzufangen. Der erste Schritt kann die größte Hürde sein, weil er die meiste Überwindung erfordert. Aber sobald dieser Schritt gemacht ist, wird der Rest des Weges oft leichter.

Außerdem kann der erste Schritt entscheidend sein, um den richtigen Ton für die Umsetzung des Plans zu setzen. Ein gut durchdachter und effektiv ausgeführter erster Schritt kann den Unterschied ausmachen zwischen einem erfolgreichen Plan und einem, der scheitert. Er kann den Schwung für den Rest des Prozesses schaffen und den Weg für einen reibungslosen Ablauf ebnen.

Es ist auch wichtig zu beachten, dass der erste Schritt, so klein er auch sein mag, ein wichtiger Beweis für den eigenen Willen und das Engagement ist. Er bestätigt, dass Sie bereit sind, die notwendigen Anstrengungen zu unternehmen, um Ihr Ziel zu erreichen.

Zusammenfassend lässt sich sagen, dass der erste Schritt eines Plans von zentraler Bedeutung ist. Er überwindet die anfängliche Trägheit, setzt den Ton und das Tempo, schafft Schwung und zeigt die Entschlossenheit, das Ziel zu erreichen. Daher sollte er mit Bedacht und Sorgfalt geplant und ausgeführt werden. Der erste Schritt könnte der kleinste sein, aber er ist zweifellos einer der bedeutendsten auf dem Weg zur Erreichung des gesetzten Ziels.

Verzetteln und seine Überwindung

"Sich verzetteln" ist eine Redewendung, die oft verwendet wird, um zu beschreiben, wie wir uns in verschiedenen Aufgaben oder Projekten verlieren und dabei das große Ganze aus den Augen verlieren. Dieser Zustand kann ein ernsthaftes Hindernis für unsere Umsetzungskompetenz darstellen und uns daran hindern, unsere Ziele effektiv zu erreichen.

Was bedeutet "sich verzetteln" und wie es die Umsetzungskompetenz beeinträchtigt

Sich zu verzetteln bedeutet im Grunde genommen, sich in zu vielen Aufgaben gleichzeitig zu verlieren und dabei den Fokus auf das ursprüngliche Ziel zu verlieren. Dies kann passieren, wenn wir zu viele Projekte gleichzeitig annehmen, zu hohe Erwartungen an uns selbst haben oder uns von Nebensächlichkeiten ablenken lassen.

Das Verzetteln kann unsere Umsetzungskompetenz beeinträchtigen, indem es unsere Ressourcen aufteilt und unseren Fokus verschleiert. Anstatt konzentriert an einem Projekt zu arbeiten und es zu einem erfolgreichen Abschluss zu bringen, verbringen wir unsere Zeit und Energie auf zu vielen Fronten und erreichen am Ende vielleicht nichts davon.

Strategien und Werkzeuge zur Vermeidung von Verzetteln

Um das Verzetteln zu vermeiden, sind hier einige Strategien und Werkzeuge, die hilfreich sein können:

1. **Priorisierung**: Lernen Sie, Ihre Aufgaben zu priorisieren. Konzentrieren Sie sich auf das, was am

wichtigsten ist und was Ihnen dabei hilft, Ihre Ziele zu erreichen, und verschieben Sie weniger wichtige Aufgaben auf später.

2. **Zeitmanagement**: Nutzen Sie Werkzeuge und Techniken für das Zeitmanagement, wie z. B. die Pomodoro-Technik oder die Eisenhower-Matrix, um Ihre Zeit effektiver zu nutzen und sich auf Ihre Hauptaufgaben zu konzentrieren.

3. **Delegation**: Wenn möglich, delegieren Sie Aufgaben, die andere ebenso gut oder besser erledigen können. Dies ermöglicht es Ihnen, sich auf das zu konzentrieren, was nur Sie tun können.

4. **Setzen Sie klare Ziele und erstellen Sie einen Aktionsplan**: Dies hilft Ihnen, fokussiert zu bleiben und nicht von Nebensächlichkeiten abgelenkt zu werden.

Praxisbeispiele und Lösungsansätze

Ein typisches Beispiel für das Verzetteln könnte ein Unternehmer sein, der versucht, alle Aspekte seines Unternehmens selbst zu handhaben. Eine mögliche Lösung könnte sein, bestimmte Aufgaben an Mitarbeiter oder externe Dienstleister zu delegieren, um sich auf die strategische Führung des Unternehmens zu konzentrieren.

Ein weiteres Beispiel könnte ein Student sein, der sich mit mehreren Kursen, außerschulischen Aktivitäten und einem Teilzeitjob verzettelt. Eine mögliche Lösung könnte sein, Prioritäten zu setzen und möglicherweise einige Aktivitäten zu reduzieren oder zu eliminieren, um sich auf die wichtigsten Ziele zu konzentrieren.

Sich zu verzetteln kann ein Hindernis auf dem Weg zur Umsetzung unserer Ziele sein, aber durch effektive Strategien und Werkzeuge können wir dieses Problem bewältigen und unseren Fokus behalten.

Das Problem des Nicht-Anfangens

Die Reise zu einem Ziel beginnt mit dem ersten Schritt. Aber allzu oft verweigern wir uns, diesen ersten Schritt zu machen. Dieses Phänomen, das allgemein als Prokrastination oder "Aufschieberitis" bekannt ist, kann ein großes Hindernis für unsere Umsetzungskompetenz sein.

Das Problem des Nicht-Anfangens

Nicht-Anfangen ist mehr als nur Faulheit oder mangelnde Disziplin. Es ist eine komplexe Mischung aus Emotionen, Überzeugungen und Gewohnheiten, die uns davon abhalten, mit einer Aufgabe oder einem Projekt zu beginnen. Das Nicht-Anfangen kann sich auf verschiedene Weisen manifestieren, einschließlich des Verzögerns, des Vermeidens, des Ignorierens oder sogar des völligen Ignorierens einer Aufgabe.

Gründe für das Zögern oder Aufschieben

Es gibt viele Gründe, warum Menschen zögern oder aufschieben. Einige der häufigsten sind:

- **Angst vor dem Scheitern**: Viele Menschen schieben Aufgaben auf, weil sie Angst haben, zu scheitern oder nicht gut genug zu sein.

- **Perfektionismus**: Einige Menschen schieben Aufgaben auf, weil sie das Gefühl haben, dass sie nicht in der Lage sind, sie perfekt auszuführen.

- **Überwältigung**: Manchmal kann die Größe oder Komplexität einer Aufgabe uns dazu bringen, sie aufzuschieben.

- **Mangel an Motivation oder Interesse**: Wenn wir uns nicht für eine Aufgabe interessieren oder motiviert fühlen, können wir sie oft aufschieben.

Techniken zur Überwindung von Prokrastination

Hier sind einige Techniken, die helfen können, die Prokrastination zu überwinden und mit Ihren Aufgaben zu beginnen:

1. **Baby-Schritte**: Anstatt sich auf die gesamte Aufgabe zu konzentrieren, teilen Sie sie in kleinere, überschaubare Teile auf und konzentrieren Sie sich auf den ersten Schritt.

2. **Die Fünf-Minuten-Regel**: Verpflichten Sie sich, mindestens fünf Minuten an einer Aufgabe zu arbeiten. Oft ist der schwierigste Teil das Anfangen, und sobald wir erst einmal begonnen haben, ist es einfacher, weiterzumachen.

3. **Verwenden Sie "Wenn-Dann"-Pläne**: Diese Technik beinhaltet das Festlegen von spezifischen Plänen, wie "Wenn es 10 Uhr ist, dann werde ich mit meiner Arbeit beginnen."

4. **Belohnungssystem**: Setzen Sie Belohnungen für das Erreichen kleiner Meilensteine ein, um sich selbst zur Durchführung der Aufgabe zu motivieren.

Fallstudien zur erfolgreichen Überwindung des Nicht-Anfangens

Eine erfolgreiche Fallstudie könnte ein Schriftsteller sein, der Jahre damit verbracht hat, ein Buch zu planen, aber nie damit begonnen hat, es tatsächlich zu schreiben. Durch die Anwendung der oben genannten Techniken konnte er schließlich das Schreiben beginnen und sein Buch fertigstellen.

Ein weiteres Beispiel könnte ein Unternehmer sein, der immer davon geträumt hat, sein eigenes Unternehmen zu gründen, aber nie den ersten Schritt gemacht hat. Durch die Konzentration auf kleine, erreichbare Ziele und die Nutzung eines Belohnungssystems konnte er schließlich sein Unternehmen gründen und erfolgreich führen.

Das Nicht-Anfangen kann ein großes Hindernis für unsere Umsetzungskompetenz sein, aber durch das Verstehen der Gründe für unsere Prokrastination und die Anwendung von Techniken zur Überwindung des Aufschiebens können wir diesen Widerstand überwinden und unsere Ziele erreichen.

Das Problem des Nicht-Fertig-Werdens

Das Anfangen eines Projekts oder einer Aufgabe ist nur die halbe Miete. Das Beenden ist oft genauso - wenn nicht sogar schwieriger. Nicht fertig zu werden ist ein Problem, das viele von uns plagt und das unsere Umsetzungskompetenz erheblich beeinträchtigen kann.

Das Problem des Nicht-Fertig-Werdens

Nicht fertig zu werden bezieht sich auf die Tendenz, Aufgaben oder Projekte zu beginnen, diese aber nicht zu Ende zu bringen. Dieses Verhalten kann dazu führen, dass wir uns zerstreuen, unsere Energie verschwenden und letztendlich frustriert und unzufrieden mit unserer Leistung zurückbleiben.

Gründe für das Nicht-Fertig-Werden

Die Gründe für das Nicht-Fertig-Werden können vielfältig sein. Hier sind einige häufige:

- **Verlust von Interesse oder Motivation**: Es ist nicht ungewöhnlich, dass das anfängliche Interesse oder die Motivation für eine Aufgabe mit der Zeit nachlässt. Dies kann dazu führen, dass wir die Aufgabe aufgeben, bevor wir sie abgeschlossen haben.

- **Perfektionismus**: Perfektionisten neigen dazu, ständig an ihrer Arbeit zu feilen, was dazu führen kann, dass sie nie als "fertig" betrachtet wird.

- **Ablenkungen**: In unserer heutigen, schnelllebigen Welt gibt es unzählige Ablenkungen, die uns davon abhalten können, eine Aufgabe zu beenden.

- **Überforderung**: Wenn eine Aufgabe zu groß oder komplex erscheint, können wir uns überfordert fühlen und aufgeben, bevor wir sie abgeschlossen haben.

Wie man Dinge zu Ende bringt

Um die Herausforderung des Nicht-Fertig-Werdens zu überwinden, hier einige Strategien:

1. **Setzen Sie klare und erreichbare Ziele**: Ziele sollten spezifisch, messbar, erreichbar, relevant und zeitgebunden sein - auch bekannt als SMART-Ziele.

2. **Planen Sie regelmäßige Check-Ins**: Überprüfen Sie regelmäßig Ihren Fortschritt und passen Sie Ihren Plan bei Bedarf an.

3. **Teilen Sie große Aufgaben in kleinere auf**: Durch das Aufteilen einer großen Aufgabe in kleinere, handhabbare Teile kann sie weniger

einschüchternd erscheinen und es ist leichter, einen Anfang zu machen und sie schließlich abzuschließen.

4. **Konzentrieren Sie sich auf eine Aufgabe zurzeit**: Multitasking kann dazu führen, dass Sie sich verzetteln und keine Aufgabe wirklich beenden. Konzentrieren Sie sich stattdessen auf eine Aufgabe, bis sie abgeschlossen ist.

Ein Beispiel für eine erfolgreiche Umsetzung dieser Strategien könnte ein Autor sein, der es schafft, ein Buch zu schreiben, indem er klare Ziele setzt, regelmäßig seinen Fortschritt überprüft, das Schreiben in kleinere Abschnitte unterteilt und sich darauf konzentriert, jedes Kapitel einzeln zu beenden.

Insgesamt kann das Problem des Nicht-Fertig-Werdens eine bedeutende Herausforderung für unsere Umsetzungskompetenz sein, aber

mit den richtigen Strategien und Tools können wir
lernen, Aufgaben und Projekte erfolgreich zu Ende
zu bringen.

Die Kunst des Dranbleibens

Warum Aufgeben Keine Option ist

Es ist der eigentümliche Charakter des Lebens, uns
immer wieder mit Herausforderungen zu
konfrontieren, die uns an unsere Grenzen bringen.
Manche Hindernisse scheinen so überwältigend,
dass wir uns am Rande der Kapitulation
wiederfinden. Aber hier, genau hier, kommt eine
außergewöhnliche Fähigkeit ins Spiel, die uns als
Menschheit schon immer ausgezeichnet hat: die
Fähigkeit, dranzubleiben.

Es gibt unzählige Geschichten von Menschen, die
unglaubliche Widrigkeiten überwunden haben,
indem sie einfach nicht aufgehört haben. Sie haben
trotz Schmerz, trotz Erschöpfung, trotz
Entmutigung weitergemacht. Sie haben das Wesen
der Durchhaltekraft verstanden: Es ist nicht so sehr

eine Frage der Stärke, als vielmehr eine des Herzens. Es ist der unbeugsame Wille, nicht aufzugeben, der uns durch die dunkelsten Stunden bringt und uns erlaubt, stärker und weiser daraus hervorzugehen.

Dranbleiben ist die Kunst, trotz des unvermeidlichen Sturzes immer wieder aufzustehen. Es ist das Verständnis, dass jeder Misserfolg uns nur näher an unseren endgültigen Triumph bringt. Im Sport, in der Wissenschaft, in der Kunst, im Geschäftsleben und in der persönlichen Entwicklung ist diese Erkenntnis universell: Der Weg zum Erfolg ist gepflastert mit Misserfolgen, mit Rückschlägen und Enttäuschungen. Aber wer immer wieder aufsteht, wer trotz allem weitermacht, der hat eine echte Chance, seine Träume zu verwirklichen.

Manchmal kann das Dranbleiben bedeuten, dass man einen anderen Ansatz versucht, neue Wege findet oder seine Strategie anpasst. Es bedeutet nicht, stur den gleichen Pfad zu gehen, wenn dieser offensichtlich ins Nichts führt. Vielmehr ist es eine Mischung aus Ausdauer und Flexibilität, die uns ermöglicht, Hindernisse zu überwinden und weiter voranzuschreiten.

Es ist wichtig zu betonen, dass das Dranbleiben nicht gleichbedeutend mit dem Festhalten an schädlichen oder ungesunden Verhaltensweisen ist. Es geht darum, konstruktive Ziele zu verfolgen und gesunde Grenzen zu setzen. Dranbleiben bedeutet, unsere Vision klar zu halten und unermüdlich daran zu arbeiten, sie zu erreichen, ohne dabei unsere Gesundheit, unser Wohlbefinden oder unsere Beziehungen zu gefährden.

Es ist leicht, dranzubleiben, wenn die Dinge reibungslos laufen und die Fortschritte sichtbar sind. Die wahre Prüfung unserer Ausdauer tritt jedoch auf, wenn die Dinge schwierig werden, wenn der Weg unklar wird und wenn wir den Fortschritt nicht sofort sehen können. In diesen Momenten können wir uns entmutigt fühlen und die Versuchung spüren, aufzugeben.

Aber diejenigen, die in solchen Zeiten dranbleiben, sind es, die schließlich triumphieren. Sie verstehen, dass das wahre Wachstum oft verborgen ist, in den

Tiefen der Schwierigkeiten und Herausforderungen. Sie wissen, dass die Dunkelheit immer der Morgenröte vorausgeht und dass nichts von Wert ohne Anstrengung erlangt werden kann.

Dranbleiben ist mehr als eine Fähigkeit, es ist eine Lebenshaltung. Es ist die tiefverwurzelte Überzeugung, dass unsere Träume und Ziele es wert sind, verfolgt zu werden, egal wie schwer der Weg sein mag. Es ist der Glaube an unsere Fähigkeit, Hindernisse zu überwinden und am Ende des Tages zu sagen: „Ich habe nicht aufgegeben. Ich bin drangeblieben. Ich habe es geschafft."

Dranbleiben ist, kurz gesagt, der Schlüssel zu Widerstandsfähigkeit, Wachstum und letztendlich zum Erfolg. Es ist eine der größten Tugenden, die wir kultivieren können, und eine, die uns in jedem Aspekt unseres Lebens gute Dienste leistet. Denn das Leben ist kein Sprint, sondern ein Marathon, und diejenigen, die dranbleiben, sind diejenigen, die die Ziellinie erreichen.

Die Doppelte Dynamik der Anstrengungsvermeidung

In der komplexen Landschaft menschlichen Verhaltens gibt es einen Aspekt, der oft übersehen wird: Anstrengungsvermeidung. Dies ist das Phänomen, bei dem wir aktiv versuchen, schwierige oder anstrengende Aufgaben zu vermeiden. Dieses Kapitel wird sich auf zwei Hauptaspekte der Anstrengungsvermeidung konzentrieren: die energetische Dimension, in der unser Gehirn glaubt, nicht genügend Energie zur Verfügung zu haben, und die motivationale Dimension, in der wir glauben, dass unsere Bemühungen nichts bringen.

Energetische Anstrengungsvermeidung: Wenn das Gehirn denkt, es hat nicht genug Energie

Unser Gehirn ist eine beeindruckende Maschine, die einen beträchtlichen Teil unserer gesamten Energie verbraucht. Tatsächlich verbraucht das Gehirn etwa 20% des gesamten Energiebedarfs des Körpers, obwohl es nur etwa 2% der Körpermasse ausmacht. Wenn das Gehirn das Gefühl hat, dass es nicht genug Energie hat, beginnt es instinktiv, seine Ressourcen zu schonen und setzt Maßnahmen ein, um anstrengende Aktivitäten zu vermeiden.

Diese Reaktion ist ein evolutionäres Überbleibsel aus Zeiten, in denen Nahrung und Energie knapp waren. Ein energiearmes Gehirn wird also eher versuchen, anstrengende geistige Aktivitäten zu vermeiden, um seine Ressourcen zu schützen. Dazu gehört alles, von der Lösung eines komplexen Problems bis hin zur Durchführung einer anstrengenden körperlichen Tätigkeit.

Motivationale Anstrengungsvermeidung: Wenn der Aufwand nichts bringt

Ein weiterer wichtiger Aspekt der Anstrengungsvermeidung ist die motivationale Dimension. Wenn wir glauben, dass unsere Anstrengungen nicht zu den gewünschten Ergebnissen führen, neigen wir dazu, aufzugeben oder uns erst gar nicht anzustrengen. Dies kann als eine Form von "lernen, hilflos zu sein" verstanden werden - ein Konzept, das erstmals von dem

Psychologen Martin Seligman in den 1970er Jahren beschrieben wurde.

Wir beginnen, unsere Fähigkeit, die Situation zu verändern, in Frage zu stellen und entscheiden uns stattdessen, keine Energie zu verschwenden. Auf diese Weise schützt uns die Anstrengungsvermeidung vor Enttäuschungen und vermeintlichem Scheitern. Allerdings kann diese Form der Anstrengungsvermeidung zu einer selbstverstärkenden Spirale der Untätigkeit führen, die schwer zu durchbrechen ist.

Sowohl die energetische als auch die motivationale Anstrengungsvermeidung sind natürliche Reaktionen auf Herausforderungen. Sie haben jedoch beide das Potenzial, uns in einen Zustand der Untätigkeit und Passivität zu versetzen, der unsere Leistungsfähigkeit und unser Wohlbefinden beeinträchtigen kann. Die Herausforderung besteht darin, diese Tendenzen zu erkennen und Strategien zu entwickeln, um diese Muster zu durchbrechen und aktiv unser volles Potenzial zu entfalten.

Wie man einen effektiven Plan erstellt

Ein guter Plan ist das Rückgrat einer erfolgreichen Umsetzung. Er bietet uns eine klare Roadmap, wie wir von unserem Ausgangspunkt zu unserem gewünschten Ziel gelangen. In diesem Kapitel werden wir uns ansehen, wie man einen effektiven Plan erstellt.

Zu einer guten Umsetzungskompetenz gehört auch die Fähigkeit einen guten Plan zu erstellen.

Ein guter Plan bietet uns nicht nur eine klare Vorstellung davon, was wir erreichen wollen, sondern auch, wie wir dorthin gelangen können. Er hilft uns, unsere Ressourcen effektiv zu nutzen, uns auf unsere Ziele zu konzentrieren und Ablenkungen zu vermeiden. Ohne einen klaren Plan sind wir eher geneigt, uns zu verzetteln, den Fokus zu verlieren und letztendlich nicht das zu erreichen, was wir uns vorgenommen haben.

Schritte zur Erstellung eines effektiven Plans

1. **Ziele definieren**: Der erste Schritt zur Erstellung eines effektiven Plans besteht darin, klare und spezifische Ziele zu definieren. Was möchten Sie erreichen? Warum ist es wichtig? Wie wird es Ihr Leben oder das Leben anderer verbessern?

2. **Aufgaben auflisten**: Nachdem Sie Ihre Ziele definiert haben, sollten Sie alle Aufgaben auflisten, die erforderlich sind, um diese Ziele zu erreichen. Dies könnte Recherchen, das Erwerben neuer Fähigkeiten, das Delegieren von Aufgaben und vieles mehr beinhalten.

3. **Prioritäten setzen**: Nicht alle Aufgaben sind gleich wichtig. Einige sind unerlässlich, um Ihre Ziele zu erreichen, während andere weniger dringend sind. Ordnen Sie Ihre Aufgaben nach ihrer Priorität.

4. **Zeitplan erstellen**: Nachdem Sie Ihre Aufgaben priorisiert haben, erstellen Sie einen Zeitplan, der angibt, wann und wie Sie jede Aufgabe erledigen werden.

5. **Ressourcen bewerten**: Überlegen Sie, welche Ressourcen Sie benötigen, um Ihren Plan auszuführen. Das können Zeit, Geld, Ausrüstung, Hilfe von anderen usw. sein.

6. **Messen und anpassen**: Ein Plan ist nicht in Stein gemeißelt. Es ist wichtig, regelmäßig den Fortschritt zu messen und den Plan bei Bedarf anzupassen.

Ein Beispiel für einen effektiven Plan

Angenommen, Sie sind ein Autor, der ein Buch schreiben möchte. Ihre Ziele könnten darin bestehen, das Buch innerhalb eines Jahres fertigzustellen und es bei einem großen Verlag veröffentlichen zu lassen.

Ihre Aufgaben könnten das Schreiben von täglichen Wortzielen, das Durchführen von Recherchen, das Überarbeiten von Entwürfen und das Suchen eines Literaturagenten beinhalten. Sie könnten diese Aufgaben dann nach Priorität ordnen, einen Zeitplan erstellen, Ihre Ressourcen bewerten und regelmäßig Ihren Fortschritt messen und Anpassungen vornehmen.

Ein effektiver Plan kann das Rückgrat Ihrer Umsetzungskompetenz sein. Mit einem gut durchdachten Plan haben Sie eine klare Roadmap, die Sie zu Ihren Zielen führt und Sie auf dem Weg dorthin unterstützt.

Die erfolgreiche Zeitplanung

Um ihre Ziele zu erreichen, brauchen Sie nicht nur einen guten Plan sondern Sie sollten auch in der Lage sein ihre Zeit zu planen, dazu noch eine knappe Zusammenfassung.

Gute Zeitplanung ist entscheidend, um Ziele zu erreichen und effizient zu arbeiten. Hier sind einige Schlüsselelemente, die zu einer guten Zeitplanung gehören:

1. **Zielsetzung**: Bevor Sie mit der Planung beginnen, müssen Sie klar definieren, was Sie

erreichen möchten. Ihre Ziele sollten spezifisch, messbar, erreichbar, relevant und zeitgebunden sein.

2. **Aufgabenliste**: Notieren Sie alle Aufgaben, die Sie erledigen müssen, um Ihre Ziele zu erreichen. Dies gibt Ihnen einen klaren Überblick über das, was getan werden muss.

3. **Priorisierung**: Nicht alle Aufgaben sind gleich wichtig. Ordnen Sie Ihre Aufgaben nach ihrer Priorität, um sicherzustellen, dass die wichtigsten Aufgaben zuerst erledigt werden.

4. **Zeit schätzen**: Schätzen Sie, wie viel Zeit jede Aufgabe in Anspruch nehmen wird. Dies hilft Ihnen, realistische Zeitpläne zu erstellen und Überbuchungen zu vermeiden.

5. **Zeitblöcke erstellen**: Zeitblöcke sind feste Zeiträume, die Sie für bestimmte Aufgaben reservieren. Dies hilft Ihnen, Ablenkungen zu vermeiden und sich auf die Aufgabe zu konzentrieren.

6. **Pausen einplanen**: Es ist wichtig, regelmäßige Pausen einzuplanen, um die geistige Frische zu erhalten und Burnout zu vermeiden.

7. **Flexibilität**: Ihr Zeitplan sollte flexibel sein, um unvorhergesehene Umstände oder Aufgaben zu berücksichtigen. Es ist wichtig, Raum für Anpassungen zu lassen.

8. **Überprüfung und Anpassung**: Überprüfen Sie regelmäßig Ihren Zeitplan und passen Sie ihn bei Bedarf an. Zeitmanagement ist ein dynamischer Prozess und erfordert regelmäßige Anpassungen.

9. **Konsequenz**: Seien Sie konsequent bei der Einhaltung Ihres Zeitplans. Es kann verlockend sein, Aufgaben zu verschieben oder sich von Ablenkungen ablenken zu lassen, aber Disziplin ist der Schlüssel zur effektiven Zeitplanung.

10. **Nutzung von Werkzeugen**: Es gibt zahlreiche Werkzeuge und Apps, die Ihnen bei der Zeitplanung helfen können, wie z.B. Google

Kalender, Outlook, Asana oder Trello. Nutzen Sie diese, um Ihren Zeitplan zu organisieren und zu verwalten.

Eine gute Zeitplanung hilft Ihnen, Ihre Zeit effektiv zu nutzen, Ihre Produktivität zu steigern und Ihre Ziele zu erreichen. Sie ist ein unverzichtbarer Bestandteil der Umsetzungskompetenz.

Die Macht von Ritualen und Gewohnheiten

Entlasten der Kognition und Bereichern des Lebens

Unser Gehirn ist ein bemerkenswertes Organ, das in der Lage ist, komplexe Probleme zu lösen, kreative Ideen zu erzeugen und tiefgründige Emotionen zu erleben. Doch trotz all seiner erstaunlichen Fähigkeiten hat unser Gehirn auch seine Grenzen. Es kann nur eine begrenzte Menge an Informationen gleichzeitig verarbeiten. Um diese kognitive Last zu bewältigen, hat die Menschheit zwei mächtige Werkzeuge entwickelt: Gewohnheiten und Rituale.

Gewohnheiten sind automatisierte Handlungen, die wir ausführen, ohne bewusst darüber nachdenken zu müssen. Sie sind das Resultat von wiederholten Handlungen und Verhaltensweisen, die sich tief in unsere neuronalen Netzwerke eingeprägt haben. Durch Gewohnheiten können wir tägliche Aufgaben wie Zähneputzen, Autofahren oder sogar komplexe Aufgaben wie das Spielen eines Musikinstruments ausführen, ohne viel geistige Energie darauf zu verwenden. Dies entlastet unsere Kognition und ermöglicht es uns, unsere geistigen Ressourcen für komplexere und neuartige Probleme zu sparen.

Rituale hingegen sind strukturierte Handlungen, die eine symbolische Bedeutung tragen. Sie können religiös, kulturell oder persönlich sein und dienen dazu, bestimmte Werte, Überzeugungen oder Erfahrungen zu betonen und zu bestätigen. Durch die Wiederholung von Ritualen schaffen wir eine Art Ankerpunkt in unserem Leben, der uns hilft, uns in der Welt zurechtzufinden und uns mit einem tieferen Sinn und Zweck zu verbinden.

Rituale und Gewohnheiten sind nicht nur hilfreiche Werkzeuge, um unsere kognitive Last zu verwalten, sie spielen auch eine wesentliche Rolle in unserem emotionalen Wohlbefinden. Gewohnheiten können uns ein Gefühl von Stabilität und Vorhersehbarkeit geben, was besonders in unsicheren oder stressigen Zeiten wichtig sein kann. Rituale hingegen können uns helfen, schwierige Übergangsphasen im Leben zu bewältigen, wie zum Beispiel den Tod eines geliebten Menschen, eine Scheidung oder den Wechsel zu einem neuen Job oder Wohnort.

Darüber hinaus können Gewohnheiten und Rituale uns dabei helfen, unsere Ziele zu erreichen und unsere Träume zu verwirklichen. Indem wir gewünschte Verhaltensweisen zu Gewohnheiten machen, können wir stetige Fortschritte machen, ohne uns ständig darauf konzentrieren zu müssen. Gleichzeitig können Rituale dazu dienen, uns an unsere Ziele und Werte zu erinnern und uns zu motivieren, weiterzumachen, selbst wenn die Dinge schwierig werden.

Kurz gesagt, Gewohnheiten und Rituale sind unverzichtbare Werkzeuge, um unsere kognitive Last zu verwalten, unser emotionales Wohlbefinden zu fördern und unsere Ziele zu erreichen. Indem wir sie bewusst und strategisch einsetzen, können wir unser Leben bereichern und unsere Fähigkeit, Herausforderungen zu meistern und unsere Träume zu verwirklichen, erheblich verbessern.

Die Essenz der Gewohnheiten

Bildung, Struktur und die Rolle von Belohnungen

Gewohnheiten sind fest verankerte Muster von Verhalten, die wir automatisch und oftmals unbewusst ausführen. Sie entstehen, wenn wir eine bestimmte Handlung wiederholt in einem bestimmten Kontext ausführen, bis unser Gehirn beginnt, diese Handlung und diesen Kontext miteinander zu verbinden. Im Laufe der Zeit wird dieser Zusammenhang so stark, dass der Kontext allein ausreicht, um die Handlung auszulösen. Dies ist das Grundprinzip der Gewohnheitsbildung.

Die Struktur einer Gewohnheit kann durch das Modell der Gewohnheitsschleife veranschaulicht werden, das aus drei Teilen besteht: dem Auslöser, der Routine und der Belohnung. Der Auslöser ist das Signal, das die Gewohnheit startet. Es kann eine bestimmte Zeit, ein Ort, eine Person, eine Emotion oder ein anderer Zusammenhang sein. Die Routine ist die tatsächliche Verhaltensweise, die wir automatisch ausführen, sobald der Auslöser auftritt. Die Belohnung ist das positive Ergebnis, das wir durch die Ausführung der Routine erhalten.

Belohnungen spielen eine entscheidende Rolle bei der Bildung von Gewohnheiten. Sie dienen als positive Rückmeldung, die unser Gehirn dazu ermutigt, das Verhalten zu wiederholen. Wenn eine bestimmte Handlung regelmäßig zu einem angenehmen Ergebnis führt, lernt unser Gehirn, diese Handlung mit positiven Gefühlen zu assoziieren, und wird dadurch motiviert, die Handlung in Zukunft erneut auszuführen. Dieser Prozess der positiven Verstärkung ist der Kern der Gewohnheitsbildung.

Um eine neue Gewohnheit zu bilden, können wir diesen Prozess bewusst nutzen. Zuerst identifizieren wir einen Auslöser, der die gewünschte Routine auslöst. Der Auslöser sollte so spezifisch und konsistent wie möglich sein. Zum Beispiel könnte der Auslöser für eine Jogging-Routine das Aufwachen am Morgen sein.

Als nächstes definieren wir die Routine, die wir ausführen wollen. Es kann hilfreich sein, mit einer kleinen und leicht durchführbaren Routine zu beginnen und sie dann im Laufe der Zeit zu erweitern. Zum Beispiel könnten wir mit einem kurzen Jogging von 5 Minuten beginnen und dann schrittweise die Dauer erhöhen.

Schließlich definieren wir eine Belohnung, die direkt nach der Ausführung der Routine auftritt. Die Belohnung sollte sofortig und befriedigend sein. Für eine Jogging-Routine könnte die Belohnung ein gesundes Frühstück sein, das wir nach dem Joggen genießen, oder das angenehme Gefühl von Frische und Energie, das wir durch die Übung erhalten.

Zusammenfassend lässt sich sagen, dass Gewohnheiten mächtige Werkzeuge sind, die uns dabei helfen können, unsere Ziele zu erreichen und unser Leben zu verbessern. Indem wir die Struktur der Gewohnheitsschleife verstehen und sie bewusst anwenden, können wir neue, positive

Gewohnheiten bilden und alte, unerwünschte Gewohnheiten durchbrechen.

Zum guten Schluss

Wir sind am Ende unserer Reise durch das Thema Umsetzungskompetenz angekommen. Es ist meine Hoffnung, dass dieses Buch Ihnen das Rüstzeug gegeben hat, um Ihre Ziele mit Entschlossenheit und Effizienz zu verfolgen. Die Umsetzungskompetenz ist mehr als nur eine Reihe von Fähigkeiten oder Techniken; sie ist eine Denkweise, die uns erlaubt, unser volles Potenzial zu entfalten und unsere Träume Wirklichkeit werden zu lassen.

Im Laufe dieses Buches haben wir viele Aspekte der Umsetzungskompetenz behandelt, von der Bedeutung der Planung und Vorbereitung bis hin zu Strategien zur Überwindung von Hindernissen wie der Intentions-Verhaltenslücke, dem Umgang mit negativen Gefühlen und der Überwindung von Prokrastination. Jeder dieser Aspekte spielt eine wichtige Rolle, um unsere Ideen in die Tat umzusetzen und unsere Ziele zu erreichen.

Das Wissen und die Werkzeuge, die in diesem Buch vorgestellt wurden, sind jedoch nur so nützlich, wie sie angewendet werden. Die wahre Umsetzungskompetenz kommt durch Handeln, durch das Anwenden und Verfeinern dieser Techniken in der Praxis.

Mit diesem Buch möchte ich Sie dazu ermutigen, mutig voranzuschreiten und Ihre Träume zu verwirklichen. Die Zeit vergeht, und das Leben wartet nicht. Also, lassen Sie uns anfangen und unseren Weg zur Umsetzungskompetenz beginnen.

Ich wünsche Ihnen viel Erfolg auf Ihrer Reise.